COMPTES RENDUS BIBLIOGRAPHIQUES

Par Hyacinthe GLOTIN

I

LES PERSONNAGES SCULPTÉS DES MOMUMENTS RELIGIEUX ET CIVILS, DES RUES, PLACES PROMENADES ET CIMETIÈRES DE LA VILLE DE NANTES

Par le Bon Gaëtan de Wismes

Compte rendu lu à la séance de la Société Académique du 25 avril 1898

MESSIEURS,

Sous ce titre : « *Les personnages sculptés des monuments religieux et civils des rues, places, promenades et cimetières de la ville de Nantes* », M. le baron Gaëtan de Wismes vient de réunir dans une brochure de 113 pages (1), dont il a fait hommage à la Société Académique, une série d'articles parus dans la *Revue de Bretagne, de Vendée et d'Anjou.*

M. de Wismes n'est pas pour nous un inconnu : fréquemment vous avez entendu dans nos séances rendre compte de ses œuvres et, il y a quatre ans, en ma qualité de secrétaire adjoint, j'analysais, dans le rapport de la Commission

(1) Vannes, librairie Lafolye, MDCCCXCVIII.

des Prix, un drame en vers (1) qu'il avait présenté à notre concours annuel et que notre Société récompensait d'une médaille de bronze.

Dans la brochure dont vous m'avez confié l'examen, M. de Wismes énumère, comme le titre l'indique du reste, les sculptures de personnages actuellement existantes à Nantes, et ses investigations ont été tellement minutieuses qu'aucune ne semble avoir été omise. Il passe successivement en revue les saints, les souverains et princes, les membres du clergé et de l'armée, les artistes, littérateurs, acteurs, savants, les magistrats, commerçants et industriels, hommes politiques, hommes dévoués, les personnages divers et les personnages allégoriques. Des renseignements biographiques sont donnés sur chacun des personnages sculptés, avec indication précise de l'emplacement de la statue ; des notes fournissent des détails sur la vie et les principales œuvres des différents sculpteurs. Dans ces courtes notices, M. de Wismes a dû souvent résoudre en quelques lignes les problèmes historiques les plus discutés : tout en indiquant les diverses opinions, il se range à l'avis de ceux qui, comme MM. de la Borderie et l'abbé Duchesne en la question de l'apostolicité de saint Clair par exemple, ont la plus grande autorité. Certains semblent s'en être émus ; mais, au besoin, l'auteur, bien documenté, sera là pour soutenir victorieusement l'opinion qu'il a avancée.

M. de Wismes admet aussi, suivant l'opinion généralement adoptée (2), que les deux statuettes qui se trouvent au chevet du tombeau des Carmes représentent Charlemagne et saint Louis. Le célèbre *tailleur d'ymaiges* Michel Colombe,

---

(1) *La chanson du pays,* Rennes, Simon, 1895.

(2) Pages 22 et 23. — Voir Guépin, *Histoire de Nantes,* 2ᵉ édition, p. 203. — Palustre, *La renaissance en France (Ouest),* p. 80 note 2.

« natif de l'évesché de Saint-Paul-de-Léon » (1), n'a-t-il pas plutôt figuré les deux saints rois bretons : Judicaël et Salomon ? Judicaël, qui peut être regardé, selon l'expression de M. de la Borderie (2), comme « une sorte de saint Louis breton »; Salomon qui peut, jusqu'à un certain point, être comparé à Charlemagne, tant par ses conquêtes qui donnèrent à la Bretagne ses extrêmes limites que par les institutions civiles qu'il s'efforça d'y établir (3). Ces héros bretons n'avaient-ils pas leur place tout indiquée sur le tombeau du dernier duc de Bretagne ?

Avant la Révolution, ces deux statuettes devaient se trouver, ainsi que le fait remarquer Guépin (4), à la partie antérieure du monument, dans les deux niches actuellement occupées par celles de saint François et de sainte Marguerite. Or, parmi les attributs guerriers qui sont sculptés sur le pilastre séparant ces niches, on distingue sur un bouclier un animal qui semble être une *hermine,* emblème s'appliquant parfaitement aux deux rois bretons et n'ayant aucun rapport avec les deux souverains français. En outre, dans « les Grandes Croniques de Bretaigne » d'Alain Bouchart (5), se trouve une gravure où sont représentés saint Giequel (Judicaël) et saint Salomon et il est curieux de constater les points de ressemblance qui existent entre ces deux saints et les deux statuettes en question. Je livre cette idée, pour ce

(1) D'après une inscription citée par Fournier, *Histoire lapidaire de Nantes.* — L'origine bretonne de cet artiste ne saurait être actuellement sérieusement contestée. Voir notamment Levot, *Biographie bretonne,* v° Colombe (Michel), I, p. 404. — Palustre, *op. cit.,* p. 75 et notes.

(2) Dans Levot, *op. cit.,* v° Domnonée (princes de la), I, p. 558.

(3) De la Borderie, *Histoire de Bretagne,* II, pp. 90 et 112.

(4) Guépin, *op. cit.,* p. 206.

(5) Réimpression de la Société des Bibliophiles bretons, feuillets 37 *recto* et 275 *recto.* C'est le fac-simile des gravures de l'édition de 1514. Voir appendice, p. 55.

qu'elle vaut, à l'appréciation de M. de Wismes, bien plus compétent que moi en ces matières.

Après avoir dressé son savant catalogue des personnages sculptés de Nantes, l'auteur, dans un chapitre final, se plaint *« du petit nombre de ceux qui existent »* et montre *« de quelle manière on devrait l'accroître »*. La liste des statues des célébrités nantaises ou seulement bretonnes que M. de Wismes voudrait voir sur nos places publiques est peut-être un peu trop longue. Pour leur trouver des emplacements suffisants, il lui faut aller les chercher jusque dans « les cours des casernes » ou dans des lieux presque déserts, comme la place Dumoustier! Quoi qu'il en soit, tous les Nantais seront reconnaissants à l'érudit chercheur de leur avoir fait connaître *l'état civil* de leurs statues, si je puis me servir de cette expression.

En terminant, permettez-moi, Messieurs, d'émettre un vœu. Souvent, dans l'énumération qu'il fait des statues nantaises, M. de Wismes est amené à indiquer diverses inscriptions lapidaires. Ce serait un nouveau grand service rendu à notre histoire locale si, après celle des personnages sculptés, notre savant compatriote dressait la liste, avec notes complémentaires, des diverses inscriptions de la ville de Nantes. Avec elles, il pourrait écrire l'histoire des principaux monuments civils et religieux de notre cité, depuis le *portique* et le *tribunal* des *vicani portenses* jusqu'à notre trop *cher* musée des beaux-arts !

Ce nouveau travail demanderait encore, il est vrai, de nombreuses et longues recherches ; mais la brochure dont je viens de vous donner une trop courte analyse prouve que rien ne saurait arrêter l'infatigable patience de M. de Wismes. *« Colligite quæ superaverunt fragmenta, ne pereant! »* telle semble être sa devise. Un jour, il recueille les notes humoristiques jetées par de nombreux visiteurs sur le *registre du manoir de la Pétardière ;* d'autres fois, il trouve, dans des archives particulières et des correspondances de famille, des documents utiles pour l'histoire et de curieux renseignements sur les mœurs d'une époque. Tous ces intéressants « *fragmenta* », sans lui, seraient demeurés ignorés du public.

Qu'il veuille bien aussi, en les recueillant, conserver aux générations futures des inscriptions, précieuses pour notre histoire, que la pioche des démolisseurs ne respecterait peut-être pas ! Tous, Messieurs, j'en suis certain, vous applaudiriez avec moi à la réalisation de ce souhait.

Hyacinthe GLOTIN.

II

SAINT-JULIEN-DE-CONCELLES

HISTOIRE D'UNE PAROISSE BRETONNE AVANT ET APRÈS 1789

Par le R. P. PETARD

Missionnaire de l'Immaculée-Conception

Compte rendu lu à la séance de la Société Académique du 8 juin 1898

———

MESSIEURS,

La mode est depuis quelque temps aux monographies. Notre Société Académique, avec beaucoup d'autres sociétés savantes, a voulu encourager ce mouvement et, chaque année, elle indique parmi les sujets de son concours la *monographie d'une commune de la Loire-Inférieure*. Déjà, elle a couronné plusieurs travaux de ce genre, œuvres d'instituteurs de notre département. Nous espérons bien que, grâce aux précieux encouragements donnés par Monseigneur l'Evêque de Nantes dans la lettre laudative adressée au R. P. Petard, les membres du clergé nantais suivront l'exemple de leur confrère et travailleront à sauver de l'oubli l'histoire de nos paroisses : la Société Académique sera très honorée de pouvoir récompenser ces études historiques. Sans nul doute, l'ouvrage dont je dois vous rendre compte, aurait obtenu une de nos premières médailles, s'il avait été présenté à notre concours dans les conditions requises ; mais, comme il n'est plus ni manuscrit, ni inédit, nous ne pouvons que l'analyser dans nos Annales et lui décerner les justes éloges qui lui sont dus. Ces éloges s'ajouteront à ceux bien plus autorisés que l'auteur a déjà reçus et sont d'autant plus mérités que le R. P. Petard, en nous retraçant l'histoire de son pays natal, *Saint-Julien-de-Concelles*, a voulu en même temps nous donner un aperçu général de l'*Histoire d'une paroisse bretonne avant et depuis* 1789 (¹). Son but a été pleinement atteint ; car, en dehors de certains faits locaux et de quelques circonstances particulières, l'organisation de toutes les paroisses rurales était la même tant au point de vue civil qu'au point de vue religieux.

Le territoire de Saint-Julien-de-Concelles fut habité dès la plus haute antiquité. Le R. P. Petard, dans les monuments mégalithiques du Garratas, trouve une preuve évidente de la présence des Celtes et des Gaulois ; les briques que l'on met à jour fréquemment dans les champs, les vestiges de cet établissement de bains sur lesquels a été construite *l'église* de Saint-Barthélémy, les monnaies et les médailles anciennes que l'on a découvertes, montrent que, dès le Ier siècle, les Gallo-romains occupaient le pays et y avaient des établissements importants. Le christianisme ne tarda pas à s'introduire dans ce centre gallo-romain qui fut évangélisé par les premiers missionnaires de la foi chrétienne dans notre pays : l'auteur ne voulant pas s'arrêter à une discussion trop longue, n'indique pas la date exacte de cette prédication qui se rattache à l'apostolat de saint Clair.

Plus tard, des document hagiographiques mentionnent l'existence, au VIe siècle, d'une localité appelée *Nociogilos,* que le R. P. Petard, pour de très graves raisons, n'hésite pas à assimiler à Saint-Julien. Il faut ensuite aller jusqu'au commencement du XII⁰ siècle, pour trouver, dans des chartes, l'indication de la paroisse sous le nom qu'elle a conservé jusqu'à nos jours: Saint-Julien-de-Concelles ou *des Ecluses,* suivant l'étymologie qu'admet fort judicieusement l'auteur.

A partir de cette époque, les documents manuscrits sont plus nombreux et c'est un heureux hasard qui les a fait découvrir, comme tant d'autres, dans l'arrière-boutique d'un chiffonnier de La Roche-sur-Yon et a permis au R. P. Petard de publier sa si complète et si intéressante monographie (1).

Les registres des délibérations du *général* de la paroisse surtout ont fourni de précieux renseignements au point de vue civil et religieux : sous l'ancien régime, en effet, le général était un corps délibérant qui cumulait à peu près les attributions de nos conseils municipaux et de nos conseils de fabriques. Au reste, les affaires religieuses et civiles étaient intimement liées entre elles, et, à part les questions relatives aux fouages ou autres impôts, à la levée de la milice et à certaines difficultés judiciaires avec le seigneur, l'assemblée locale s'occupait surtout des choses ecclésiastiques.

Le R. P. Petard s'est donc, tout d'abord, fait un devoir d'écrire l'histoire religieuse de Saint-Julien avant 1789 ; il nous entretient successivement de l'église paroissiale, des chapelles publiques et domestiques, du presbytère et des recteurs, du prieuré, etc...; il nous énumère toutes les fondations pieuses qui, sous divers noms, avaient été faites à l'église par la piété des fidèles, le plus souvent en mémoire des défunts ; il s'attache surtout aux chapellenies, indiquant

---

(1) Voir l'histoire de cette découverte, pages 1 et ss.

leurs fondateurs, leurs titulaires, les bénéfices qui y étaient attachés et les charges qui les grevaient. Parmi les titulaires de la *chapellenie de Notre-Dame,* ou la *Grande Chapellenie,* il est fier de citer (1) le saint missionnaire, le bienheureux Grignion de Montfort. A propos de cette même chapellenie, l'auteur nous apprend (2) qu' « en *1584,* le titulaire... faisait acquitter les messes par des capucins ». Cette indication, si elle est exacte, me semble très intéressante pour l'histoire des ordres religieux dans notre diocèse. Jusqu'à ce jour, aucun historien n'avait, d'une façon sérieuse, mentionné la présence des capucins à Nantes avant 1591 (3). A cette date, ils assistèrent dans notre ville à une procession, clôturant sans doute une mission qu'ils y avaient prêchée. Aussi, je me permets de me demander si une faute d'impression n'a pas fait mettre *1584* au lieu *1684 ,* comme le contexte, du reste, le laisse supposer. En 1584, en effet, le couvent de capucins le plus proche de Nantes était celui d'Orléans, établi en 1578, et on ne voit pas comment les religieux auraient pu, même *par la Loire navigable,* venir célébrer la messe « les mercredi, jeudi et vendredi de chaque semaine, à l'autel de Notre-Dame, dans l'église paroissiale ». Le couvent d'Angers ne fut fondé qu'en 1588 et celui de Nantes, au Marchix, en 1593 (4). En 1684, au contraire, Nantes avait deux couvents de capucins à la Fosse et à l'Ermitage. En 1584 , il y avait bien aussi dans notre ville des religieux appartenant à l'ordre de

(1) Pages 57 et 63.

(2) Page 57.

(3) Voir P. Flavien de Blois, *Les capucins de l'Ermitage de Nantes,* p. 8 et ss. — Meuret, *Annales de Nantes,* II, p. 120. — Travers, *Histoire de Nantes,* III, p. 53.

(4) Voir: *Schematismus ordinis FF. MM. S. P. Francisci capuccinorum provinciæ parisiensis in Gallid,* 1893, p. 6. — *Documents pour servir à l'histoire de l'établissement des capucins en France (1568-1585) passim.*

Saint-François, mais ce n'était pas des capucins, mais des cordeliers (1).

Le R. P. Pelard indique comme patron de la paroisse saint Julien, évêque du Mans : toutes les pièces qu'il cite semblent prouver qu'il a raison. Cependant, si je ne me trompe, le patron de Saint-Julien-de-Vouvantes (paroisse souvent mentionnée dans les mêmes chartes que Saint-Julien-de-Concelles) est un autre saint Julien, celui dont la légende est en partie reproduite dans une verrière de l'église collégiale de Saint-Aubin de Guérande (2) : « Par méprise et erreur, croyant à un crime, Julien tua son père et sa mère »; rempli de désespoir, il voulut expier son parricide involontaire, « et alors, raconte la *Légende dorée* (3), ils (Julien et sa femme) s'en allèrent ensemble vers un très grand fleuve où beaucoup de gens périssoient, et ils fondèrent un hôpital en ce désert pour faire pénitence et pour porter de l'autre côté de l'eau tous ceux qui voudroient passer ». Ce saint Julien ne pourrait-il pas aussi revendiquer un peu le patronage de notre paroisse, jadis si fréquentée des voyageurs par eau ?

L'histoire religieuse n'a pas fait oublier au distingué missionnaire diocésain l'histoire civile, et dans plusieurs intéressants chapitres, il étudie l'organisation seigneuriale, le système des impôts qui ressemblent beaucoup aux contributions actuelles, le service militaire et le budget des pauvres. De très instructives délibérations sur les vignes à complants sont rapportées ; nos législateurs, nos hommes politiques et

______

(1) Etablis à Nantes en 1296, d'après Toussaint de Saint-Luc, *Mémoire sur l'état du clergé en Bretagne*, p. 107.

(2) Autrefois il y avait deux verrières relatives à saint Julien. Par suite de mutilations, on a dû réunir ce qui restait en une seule. — Sur ce saint Julien, voir Bizeul, *Du pèlerinage de Saint-Julien-de-Vouvantes au diocèse de Nantes*.

(3) Cité par Bizeul, *op. cit.*

nos magistrats auraient pu les consulter avec fruit pour résoudre les difficultés qui se sont élevées en ces derniers temps à ce sujet : ils y auraient vu que cette institution fut faite avant tout dans un but charitable en faveur des pauvres colons.

Il aborde ensuite la période révolutionnaire pendant laquelle Saint-Julien fut grandement éprouvé ; à la persécution religieuse vinrent s'ajouter les guerres de Vendée. Tous les événements de cette époque dont la paroisse fut le théâtre sont racontés avec une grande exactitude, d'après les documents officiels. Mais l'auteur voulant avant tout, ainsi qu'il le déclare lui-même (1), « faire plaisir à tous ses compatriotes et n'affliger personne », s'est gardé « de publier des noms qu'il convient de taire pour l'honneur de certaines familles ». Certains faits restent donc *anonymes*, l'exactitude historique en souffre quelque peu ; mais le R. P. Petard, ministre d'un Dieu de paix, a atteint le but qu'il se proposait de faire œuvre d'union entre ses concitoyens et de ne pas raviver d'anciennes haines entre les familles.

Après la Révolution, un nouveau régime politique et administratif modifie profondément l'organisation ancienne. L'auteur le fait connaître et arrive à cette conclusion (2) : « Une seule chose est restée la même à Saint-Julien comme partout, au milieu des transformations du territoire et du changement des mœurs : la religion. Telle elle était dans les siècles passés, telle elle est encore aujourd'hui parmi nous... Au presbytère habite, comme par le passé, celui qui est le pasteur ou le père du troupeau... Au-dessus du curé, nous retrouvons la même hiérarchie : d'abord

(1) Page 197.
(2) Page 309.

l'évêque, puis le pape. La forme du gouvernement de l'église ne change pas. Il n'en est pas de même au civil... »

Oui, je le reconnais, la foi religieuse est restée la même ; elle est, en effet, immuable : c'est toujours le même *Credo* que l'on chante chaque dimanche à la grand'messe. Il y a toujours également un évêque, un curé, des vicaires. Mais il me semble que l'organisation religieuse a subi, elle aussi, comme l'organisation civile, de profondes modifications.

L'autorité de l'évêque a grandi. A lui seul appartient aujourd'hui la nomination du curé, tandis qu'avant 1789, les titulaires de la cure de Saint-Julien étaient désignés alternativement par les abbés de Saint-Florent et les évêques de Nantes (1). Il nomme les vicaires, autrefois choisis par le recteur (2). On ne voit plus dans la paroisse des prêtres titulaires d'un bénéfice quelconque à la présentation d'un laïc, appartenant souvent à d'autres diocèses et peu soumis à la juridiction épiscopale.

« L'autorité du recteur était bien petite sous l'ancien régime. Loin de commander en maître, il était le serviteur de tous ». Telles sont les propres paroles du R. P. Petard (3). Il ne pouvait même pas commander dans son église ; « les paroissiens étaient maîtres absolus de leur nef et de sa décoration (4) » et pouvaient y faire tout ce qui leur plaisait, sans l'assentiment du recteur (5). Il n'avait même pas la garde des ornements sacrés (6). Aujourd'hui, ce me semble,

(1) Page 84.
(2) Page 90
(3) Page 86.
(4) Page 86.
(5) Page 40.
(6) Page 80.

on reconnaît au moins au curé le droit d'être le maître dans son église et d'y exercer la police du culte.

Depuis 1789, l'organisation religieuse a donc été considérablement modifiée et la discipline ecclésiastique y a beaucoup gagné. Le clergé célèbre régulièrement les offices et on ne voit plus des vicaires, malgré les remontrances des archidiacres, abandonner, le dimanche matin, l'église paroissiale, pour aller célébrer la messe dans des chapelles domestiques (1). Les paroissiens n'ont plus le droit de mettre dans la nef, sans l'assentiment du curé, des images ridicules et souvent superstitieuses, que les archidiacres avaient jadis grand'peine à faire disparaître (2).

Toutes ces améliorations ont contribué beaucoup, malgré le malheur des temps, à conserver et même accroître la piété des fidèles et, en 1845, les paroissiens ont montré autant de zèle qu'en 1735, pour reconstruire leur église.

Sans nul doute, le livre du R. P. Pelard sera très utile à ce point de vue à ses compatriotes et, en rappelant aux générations présentes et futures les actions de leurs aïeux, sera, selon l'expression de Mgr l'Evêque de Nantes, « une œuvre bienfaisante ».

Hyacinthe GLOTIN.

(1) Page 91.
(2) Page 40.

III

LES PARURES PRÉHISTORIQUES ET ANTIQUES
EN GRAINS D'ENFILAGES ET LES COLLIERS TALISMANS
CELTO-ARMORICAINS

Par AVENEAU DE LA GRANCIÈRE

Compte rendu lu à la séance de la Société Académique du 8 juin 1898

MESSIEURS,

La coquetterie est de tous les temps et de tous les pays. L'ouvrage de M. Aveneau de la Grancière, que vous m'avez chargé d'analyser (1), démontre clairement la vérité de cette affirmation. « Aussi loin que nous pouvons remonter, dit l'auteur (2), nous voyons l'homme en possession de parures plus ou moins rudimentaires et parfois finement travaillées. Le goût de la parure semble s'être manifesté chez l'homme avant qu'il éprouvât la nécessité de s'armer et de se vêtir... Les colliers, les bracelets, les pendeloques se rencontrent chez les Troglodytes de l'époque quaternaire, aussi bien que chez les sauvages de nos jours ».

Dans de nombreux chapitres sont développées les preuves de cette affirmation : les fouilles que l'on a faites ont montré l'existence de ces parures à toutes les époques, depuis l'âge de pierre jusqu'aux temps historiques. Les Egyptiens, les Perses, les Phéniciens, les Gréco-Pelasges, les Etrusques, les Juifs, les Gaulois, tous les peuples occidentaux et orientaux, en un mot, en firent usage. Les documents cités par le savant archéologue, les reproductions phototypiques de nombreux spécimens de sa collection, ne peuvent laisser aucun doute sur ce point.

Ce goût inné que l'on rencontre partout ne provient pas

(1) Paris. Ernest Leroux, éditeur, 1897. Ouvrage de 176 pages, illustré de 22 planches dont 2 en couleurs.   (2) Page 15.

seulement « d'un sentiment naturel artistique », mais encore « d'un sentiment mystique (1) »; et, par suite « des propriétés optiques, thermiques, magnétiques de certaines pierres (2) », l'homme y voit des phénomènes extranaturels et « ainsi naît par la force des choses, dès l'origine du monde, l'étrange superstition qui attribue aux pierres précieuses un caractère astrologique et talismanique (3) », caractère qui leur est encore conservé par les sauvages de nos jours.

Je ne suivrai pas l'auteur dans ses longs et savants développements et m'arrêterai seulement quelques instants à la seconde partie de son ouvrage où il étudie « les *Gougad-paterœnneu* ou les grains de colliers-talismans celto-armoricains du Morbihan (4) », colliers que l'on rencontre à l'époque des Vénètes et dont certains ont été conservés comme de précieux trésors dans plusieurs familles. De nombreuses pratiques superstitieuses s'y rapportaient et l'église ne pouvant les détruire, fut, d'après M. de la Grancière, obligée au XII° siècle de sanctifier ces colliers « et depuis ce moment, ils furent tous bénis de temps en temps (5) ». Plusieurs même furent offerts aux sanctuaires de divers saints où on les a conservés jusqu'à nos jours. Plus nombreux sont ceux qui ont été transmis dans les familles de père en fils et, il y a quelques années, avant que les archéologues, d'une part, et les marchands d'antiquité, d'autre part, se fussent mis à leur recherche, ils n'étaient pas rares surtout dans la région de Pontivy où certains sont encore pieusement gardés par les paysans qui leur attribuent toujours une vertu magique.

M. Aveneau de la Grancière, dans de superbes phototypies, nous donne les plus beaux spécimens de ces colliers dont il possède lui-même une magnifique collection.

Entrant dans les moindres détails, le savant archéologue étudie, dans un chapitre spécial, la « matière des grains de

(1) Page 15.   (2) Page 17.   (3) Page 18.   (4) Pages 99 et s.   (5) Page 110.

colliers armoricains (1) » et cette étude, à mon avis, présente un grand intérêt au point de vue de l'histoire des anciens Celto-Armoricains. En effet, bien des minéraux ayant servi à la confection des colliers découverts dans notre pays sont complètement inconnus à l'état naturel, non-seulement dans la Gaule, mais même en Europe. Les relations commerciales de nos ancêtres étaient donc très étendues, soit que les marchands carthaginois soient venus importer ces matières dans nos contrées, soit que les Venètes, ces hardis navigateurs de l'Armorique, soient eux-mêmes allés les chercher dans des régions lointaines. Les produits de l'Egypte, de la Phénicie, de l'Asie-Mineure, de l'Afrique, ont été, en effet, apportés dans l'Armorique, et les pays du Nord, la Grande-Bretagne et la Scandinavie avaient également avec elle de nombreuses relations commerciales.

Dans un appendice, l'auteur nous montre « l'affinité de races et de traditions entre les Celto-Armoricains, les Gallaïques, les Astures et les Gallois, possesseurs de colliers talismans (2) ». Cette partie ethnographique est une des plus intéressantes de l'ouvrage et prouve combien M. de la Grancière, en étudiant les colliers de nos ancêtres, a fait œuvre utile pour la science.

Ce court compte rendu ne vous donne qu'un faible aperçu du travail de l'auteur ; vous voudrez tous lire l'ouvrage qui a été offert à notre Société. Malgré son sujet qui paraît, au premier abord, un peu spécial, je vous ai démontré que les mœurs de nos ancêtres y étaient étudiées sous bien des côtés et que cette savante dissertation offrait un grand intérêt pour l'histoire armoricaine.

Hyacinthe GLOTIN.

(1) Pages 141 et s.   (2) Pages 155 et s.

Nantes, imp. L. Mellinet et Cie, place du Pilori, 5.